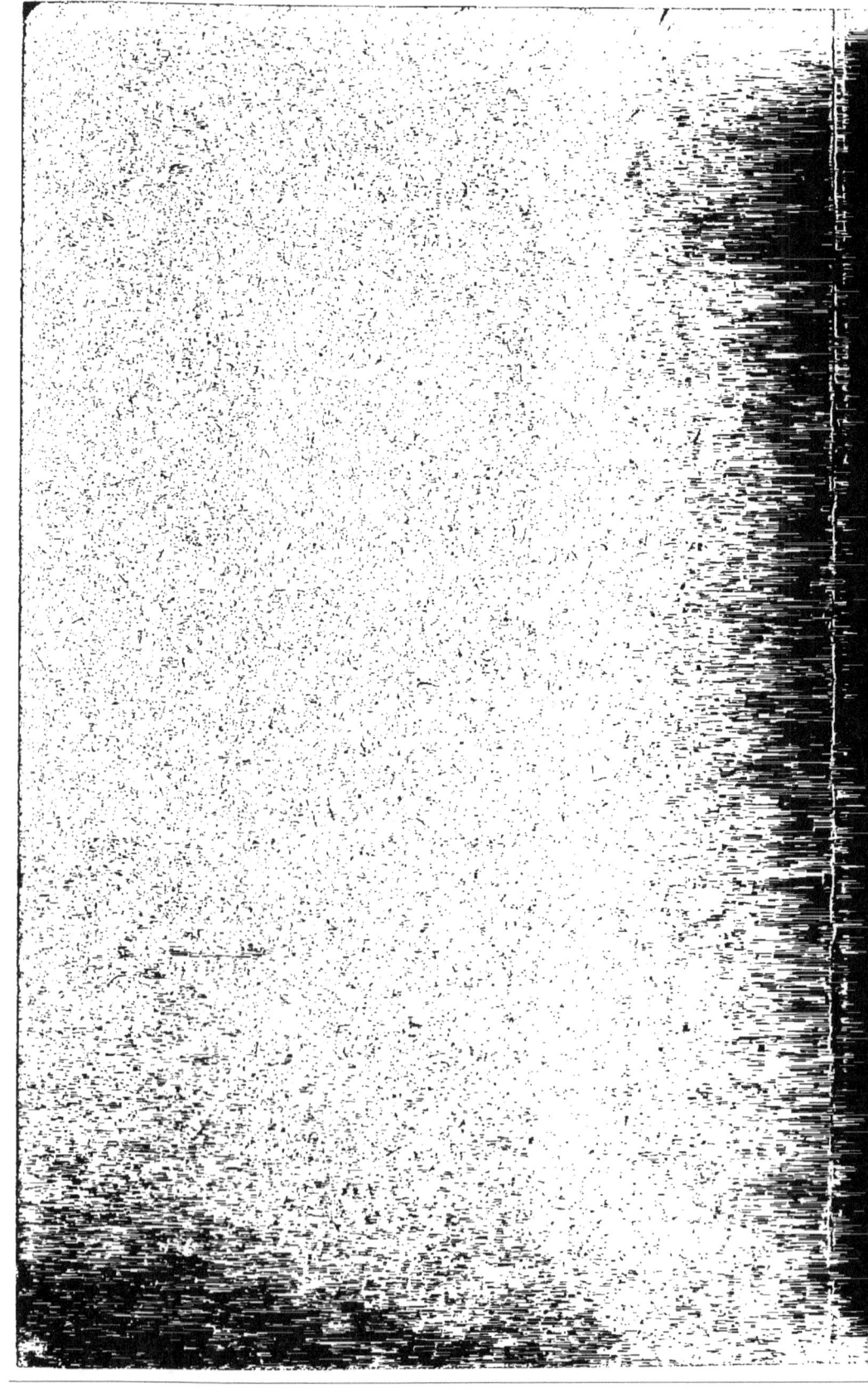

CORRESPONDANCE MILITAIRE

« ... Nous venons de ...; nous allons à (il ne faut pas dire où); ni malade, ni blessé; tout va très bien ... »

Dessin de Georges Scott (d'après *L'Illustration*).

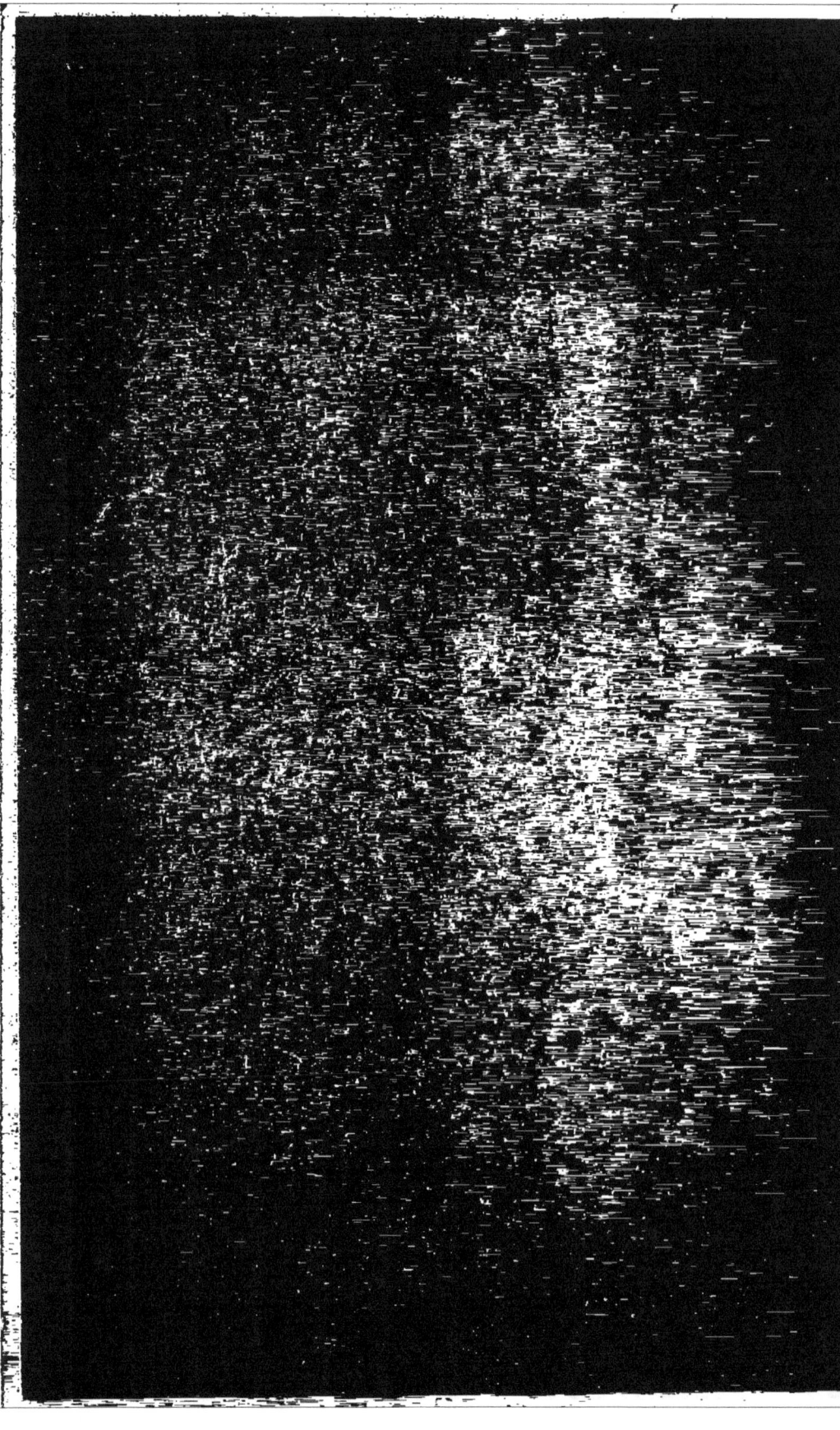

GUERRE DE 1914

LA
GUERRE DE 1914

PREMIÈRES NOTES

Recueillies par une Française

LYON

A. REY, IMPRIMEUR-ÉDITEUR

4, RUE GENTIL, 4

1915

AVANT-PROPOS

A l'heure présente la voix du canon a fait taire toutes les autres; il n'y a plus de lecture que celle des journaux, où chacun espère trouver les échos de cette grande voix.

Si la curiosité et les espérances patriotiques du lecteur sont souvent déçues par le laconisme et l'imprécision des Communiqués, elles trouvent des compensations dans les citations à l'ordre du jour de l'armée, les motifs des distinctions accordées, les récits des correspondants des journaux, les extraits de lettres particulières où, sous toutes les formes et quelquefois les plus familières, rayonne la beauté de l'âme française.

Que de traits héroïques, que d'actions d'éclat, que d'autres touchantes dans leur simplicité! Quelles raisons d'espérer et de conserver une inébranlable confiance! Quel réconfort plus puissant encore quand les uns et les autres sont pré-

sentés, commentés, magnifiés dans des articles où un talent éprouvé s'allie à l'amour ardent de la France! Faut-il rappeler de quelle émotion tout le pays a été étreint lorsque la plume s'est brisée dans la main du grand patriote et du grand chrétien qui s'en servait comme jadis de son sabre d'officier de cavalerie.

Ces beaux traits, ces actions magnifiques, on voudrait en conserver pieusement le souvenir; mais comment? La mémoire succombe sous le nombre. Garder tous les journaux ; mais la marée montante de papier menace de submerger le logis.

L'auteur des Notes a eu l'idée de recueillir ceux qui l'avaient le plus frappé jusqu'ici et de les réunir en une sorte de memento peu volumineux, facile à consulter. S'il y a joint quelques réflexions personnelles, c'est à titre d'exception ; en général, il n'a fait que glaner et il offre ici tous ses remerciements aux cultivateurs des champs où il a ramassé, de ci, de là, quelque épi.

Lyon, le 15 décembre 1914.

LA
GUERRE DE 1914

21 octobre 1914.

Une guerre européenne est maintenant déchaînée qui, grâce aux terribles engins nouveaux, devient un massacre. Les Allemands convoitaient ce que nous avons de plus admirable, *Paris*. Ils se dirigèrent donc, remplis d'entrain et de présomption, vers cette belle capitale pour en faire leur proie. Déception! Paris ne se laisse pas prendre! Il est trop bien protégé par ses fortifications et surtout par ses défenseurs, Belges, Anglais et Français, qui jurent de vaincre ou de mourir pour défendre la belle ville.

Après un combat acharné, les Allemands sont vite battus et chassés en pleine déroute : épuisés par la faim, les fatigues, obligés de brûler leurs morts, nos ennemis paraissent découragés de cette grande défaite de la bataille de la Marne qui leur inflige un premier échec complet. Depuis cette victoire, le temps nous paraît long; nous savons qu'une partie de nos admirables soldats sont en Alsace, où tous les cœurs sont à l'unisson pour désirer la victoire. Nous savons aussi les nombreux combats qui se livrent dans le Nord, et l'on cherche, en imagination, à se figurer une tranchée.

Il s'est révélé, pendant cette dernière guerre, de grands héros, aussi bien dans les plus jeunes que les plus âgés, et j'ai été dans l'admiration de ces beaux actes que je veux transcrire, ne regrettant qu'une seule chose, c'est de ne pouvoir les mettre tous, tellement ils sont nombreux. J'espère aussi faire passer le temps si long qui fera connaître l'avenir de nos armées.

C'est donc le 21 octobre que la pensée m'est venue de tenir un journal et de réunir quelques anecdotes, dont j'ai été plus particulièrement frappée. A tout seigneur, tout honneur! il faut tout d'abord rendre hommage au vaillant roi des Belges, pour qui semble être faite la noble et fière devise : « Les ruines n'ébranleront pas son courage. » Après avoir vu tomber Liège et Namur, l'ennemi occuper Bruxelles, détruire Louvain de fond en comble, dévaster Malines et, en dernier lieu, s'emparer d'Anvers, il conserve sa foi dans le triomphe définitif du droit et de la justice. Il déclare qu'il n'abandonnera jamais sa valeureuse armée, alors même qu'elle serait contrainte de se retirer hors du territoire belge.

Après le roi, un père. Au fort de la bataille, le général de Castelnau dictait des instructions à ses aides de camp. Un officier s'avance, l'air embarrassé, le visage défait.

Le général interrompt sa dictée.

— Qu'y a-t-il donc?

— Mon général, il y a... votre fils...

— Eh bien!

— Mon général, votre fils vient d'être tué en portant un ordre.

Le général se tut un instant sous le coup de l'atroce douleur; mais, se ressaisissant bientôt : « Continuons, Messieurs », fit-il, d'une voix ferme.

S'il est une consolation à nos maux, c'est d'espérer que nous aurons la victoire et d'examiner bien en face ce grand nombre de héros nés de la guerre et qui sont vraiment admirables.

Voici ce que je lis dans *le Gaulois* :

Un sous-officier allemand écrit à sa famille :

« Un traître français vient d'être fusillé, un jeune Français appartenant à l'une de ces Sociétés de gymnastique qui arborent les rubans tricolores, un pauvre gamin qui, dans son infatuation, s'était mis en tête d'être un héros. Notre colonne passait le long d'un défilé boisé. Il y fut pris et on lui demanda s'il y avait des Français dans le voisinage. Il refusa de donner aucune information.

« Cinquante pas plus loin, une fusillade fut dirigée sur nous de l'épaisseur du bois. On demanda au prisonnier s'il avait eu connaissance que l'ennemi fût dans la forêt. Il ne le nia pas. Il se dirigea d'un pas ferme vers un poteau. Il s'y adossa, la verdure d'une vigne derrière lui, et il reçut la volée du peloton d'exécution, avec un fier sourire, sur le visage. Le misérable petit poseur, écrit l'Allemand. C'est pourtant dommage de voir du courage ainsi gaspillé. »

Cette lettre peut donner une idée du caractère si bas des Allemands.

M. de la R... peut aussi mériter le nom de héros et sa famille est fière de lui. Capitaine de dragons, ayant eu son cheval tué, il voit un bataillon d'infanterie qui, ayant perdu tous ses officiers, paraissait hésitant. Il s'élance à leur tête, entraîne ces troupes, bien qu'elles ne fussent pas les siennes, et les ramène au combat; mais le feu redouble de violence, il tombe atteint à la poitrine, la main droite brisée, son casque percé de balles. Cependant, il put encore se traîner jusqu'à un petit mur, et dès qu'il se sentit à l'abri, harassé de fatigue, il s'endormit d'un profond sommeil. C'est en cet état que les brancardiers le trouvèrent plusieurs heures après.

Nous approchons de la fête de tous les saints et je veux conter une anecdote qui prouve qu'il y a bien encore des soldats croyants. Le brave garçon qui m'intéresse tombe au milieu de son escadron, criblé de balles; il appelle : « Au secours! Au secours! Sauvez-moi! »

Hélas! l'armée était en marche et personne ne répond à cette prière Alors, le pauvre garçon lève les bras et envoie des baisers vers le ciel.

Les prêtres ont été bien martyrisés, car les Allemands les poursuivent de leur haine. On peut citer la mort héroïque de l'abbé Lahache, curé de la Voivre, fusillé parce qu'il avait refusé d'indiquer aux Allemands, qui lui tenaient le pistolet sur la gorge, l'endroit où étaient les Français. Ils se sont emparés de lui sous prétexte qu'il avait, dans sa salle à manger, une carte du théâtre de la guerre et l'ont laissé sur place après l'avoir passé par les armes. Il est mort en chantant le *Libera*.

Le curé de Saulcy-sur-Meurthe a été tué en portant secours aux blessés.

Celui de Wisembach, village situé au bas du col de Sainte-Marie-aux-Mines, a été emmené comme otage et, depuis six semaines, il n'est pas revenu.

Un autre a été amené et traîné à Saint-Dié à l'aide de cordes.

Au moment de l'entrée des Allemands à Saint-Dié, ils se sont emparés de la personne de Mgr Foucauld, évêque de cette ville, et de son vicaire général qu'ils ont fait marcher en tête de leurs troupes.

Le jour de l'évacuation, ils l'ont de nouveau fait marcher en tête de leurs colonnes jusqu'à la sortie de la ville, en même temps que certains membres du Conseil municipal.

Voilà ce qui s'est passé dans les cantons de Saint-Dié et de Raon-l'Etape, dont plusieurs communes sont encore actuellement occupées par l'ennemi. Celles-ci sont les plus éprouvées et leur évacuation, qui est sans doute prochaine, nous réserve de pénibles surprises.

Il importe de noter que dans plusieurs communes les curés sont partis pour accomplir le service militaire; ceux qui restaient ont donc été durement éprouvés.

Plusieurs des séminaristes de Saint-Dié ont été, dès les premiers jours, tués à l'ennemi. Partout les curés sont restés à leur poste pour accomplir les devoirs de leur ministère, porter secours aux blessés et venir, dans la mesure de leurs faibles moyens, en aide à la population si éprouvée dans ce malheureux arrondissement.

Les militaires revenant de ces pays dévastés disent qu'en traversant ces parages on a le cœur brisé de tristesse et de compassion. On ne rencontre que des familles chassées de leurs maisons et parfois même privées de nourriture. Du reste, à Lyon, sur les places, dans les rues, on les voit, ces pauvres gens si intéressants ! Ils sont venus demander un asile à notre grande ville, toute heureuse de les recevoir : ce sont presque toujours des femmes avec de petits enfants ou bien alors des vieux à l'air si triste que l'on peut deviner leur souffrance.

Je veux dire un mot de notre ville de Lyon pendant la guerre; les quelques hommes qui sont restés arborent des tenues militaires qui ne manquent pas d'originalité : on découvre que tel qui était mal en redingote est bien en uniforme, et puis, ces couleurs éclatantes font bon effet dans la rue.

La population a très envie de causer et il n'est pas rare que dans les magasins, en vous offrant une chaise, on vous demande ce que vous pensez de la guerre. En général, les mots espoir et victoire sont prononcés.

NOS SOLDATS

Depuis la guerre, les soldats sont devenus particulièrement intéressants, car on les connaît et on admire leurs qualités. Ils sont philosophes et souvent aussi bons chrétiens, ce qui leur donne cette résignation à la souffrance. Lorsque l'on cause avec eux, jamais un mot d'aigreur contre les événements. Si on parle à un homme marié, père de famille, souvent ses yeux se remplissent de larmes, car il sait combien il est aimé et utile chez lui !

Il pourrait maudire ce temps si long consacré à se battre, et, cependant, jamais une plainte.

Celui qui est, entre tous, admirable, est le soldat fiancé : ce dernier fait passer la France, la mère patrie, avant sa bien-aimée à qui il a donné son cœur et consacré son existence ; que Dieu le protège, car celui qui a l'espérance devant lui devrait vivre.

La lettre suivante, adressée à sa fiancée par un brave garçon tué depuis, n'est-elle pas touchante dans sa simplicité, rehaussée par une modestie rare, mais attristée déjà par de sombres pressentiments?

« En guerre, 8 septembre 14.

« Bien souvent je pense à ma petite fiancée que j'ai laissée bien loin et que je voudrais tant revoir, ne serait-ce qu'un instant. Je voudrais bien, chaque jour, vous envoyer de mes nouvelles et converser un moment avec vous, mais depuis six jours nous ne sommes pas sortis de la tranchée, combattant sans discontinuer. Comme chacun désire aujourd'hui la fin de la guerre et l'écrasement de l'Allemagne !

« A la date du 1er septembre, j'ai été nommé adjudant et une proposition pour sous-lieutenant suit. Ces propositions ont été faites à la suite de circonstances que je me ferai un plaisir de vous raconter à mon retour, *si retour il y a. Je ne sais si j'aurai le bonheur de vous revoir ;*

depuis mon départ beaucoup de mes camarades sont tombés blessés ou tués.

« Moi, le 20 août, j'ai été légèrement touché à l'épaule ; j'espère encore, j'espère toujours. Il est vrai que ce serait trop beau ; puis-je y compter ; l'avenir seul nous le dira. Attendons.

« Dans l'attente de mon retour, recevez, gentille amie, l'expression d'une affection aussi durable que sincère. A vous ma pensée, à moi votre souvenir. »

Voici, par contre, quelques extraits de lettres qui donnent sur la vie de nos artilleurs en campagne des indications bien suggestives et d'allures tout à fait véridiques. Personne ne contestera à leur auteur l'esprit d'observation et l'humour en même temps qu'un moral à toute épreuve, un bon cœur et un robuste patriotisme.

« 24 octobre 1914.

« Je suis toujours à la ferme de S..., les Boches ont démoli tout un quartier de la ville de S... Nous allons travailler tous les jours pour construire des retranchements. Voilà trois jours que les Boches tirent sur des batteries qui sont à côté de nous. Les obus éclatent à 200 mètres de nous, mais leurs obus n'éclatent pas bien. De temps en temps des obus passent au-dessus de nous en miaulant comme un chat. Leurs batteries sont à 4 kilomètres des nôtres. Hier pendant tout le temps que les Boches ont canardé une batterie qui était à côté de nous, les servants des pièces ne se sont pas arrêtés de jouer au foot-ball. Lorsque, le soir, ils n'y ont plus vu assez clair pour jouer, ils se sont mis aux pièces et ils ont canardé à leur tour.

« Une batterie que nous avons construite a reçu le baptême du feu hier. Les obus éclataient 4 mètres devant la bouche et 5 ou 6 mètres derrière ; pas de blessés. Le..... d'artillerie lourde qui cantonne à côté de nous a démoli une batterie allemande. Un obus a été si bien envoyé que servants et pièces ont été retournés ; puis une autre batterie a été obligée de *se barrer* (?) devant nos obus. Une de nos batteries de..... qui avait été repérée par les Boches a dû s'en aller pas de gymnastique, tellement les obus tombaient serrés autour d'elle ; pas de blessés. Un obus de 77, Boche, a tombé entre quatre chevaux qui étaient tenus à un piquet. L'obus enfonce le piquet, coupe les longes qui retenaient les chevaux et les chevaux pas de mal ; ils sont retournés à leur camp. Lorsqu'un obus arrive, on se couche à terre, l'obus éclate, on se relève et l'on envoie la réponse.

« C'est la misère par ici ; quelques-uns n'ont pu trouver du vin. Pour quant à moi avec R..., D..., W..., l'on ne s'est encore privé de rien. Nous trouvons toujours du vin très bon à 12 et 14 sous le litre, le marc, le fromage (j'en mange maintenant), le tabac, etc. C'est au plus débrouillard.

« Je vais toujours bien pour le moment ; Dieu sait quand cette guerre finira ! Le temps n'est pas très mauvais par ici. Depuis que nous sommes arrivés il n'y a pas plu ni neigé ce qui est déjà quelque chose. Nous allons toucher des jeux de cartes pour passer le temps lorsque nous serons aux batteries. Il faut ça parce que pour tirer, il faut attendre qu'un *aéro* vienne nous voir ; et lorsqu'il est bien placé pour surveiller le tir on commence la danse jusqu'à ce que l'aéro ait à lutter lui-même contre un aéro ennemi. Là, les Allemands n'ont pas de chance non plus ; aussitôt qu'ils arrivent, pan ! on les canonne. A perte de vue de chaque côté, c'est une ligne d'artillerie : des batteries et encore des batteries.

« Des fantassins qui reviennent des tranchées nous ont dit qu'ils avaient ni tué et un blessé d'un coup de pioche sur le pied ; un autre, une balle qui a traversé sa capote ; c'est tout. En trois jours ils ont tiré cinq cartouches en tout. Nous sommes dans une plaine immense avec quelques replis de terrain. Dans le lointain la canonnade fait rage ; vers nous, ça ne bouge pas. »

❧

« S...., le 1ᵉʳ novembre 1914.

« Jour de Toussaint, jour de deuil, jour de bonheur pour nous, car nous faisons reculer les Boches devant nous. C'est pas ce qui les empêche de bombarder notre campement, mais ça nous dérange pas; nous faisons la cuisine et moi je vous écris, car ils sont tellement maladroits que c'est par hasard qu'ils nous attrapent. Ils ont blessé un type du 6ᵉ hier; un éclat d'obus lui est rentré dans le flanc et il est ressorti derrière; il se plaint de douleurs internes. Priez pour lui parce que la France a besoin de tous ses enfants. Pour quant à nous, nous avons ni blessé, ni tué, juste un malade (rhumatisme) et cependant on a déjà tiré des tas d'obus; ils nous répondent assez bien. Voici leur manière de tirer : On envoie un obus ou deux; comme on dit entre nous, c'est la demande de communication. On a vite la réponse. D'autres fois ils nous laissent finir le tir sans riposter et quand on a fini, eux reprennent. Quand ils s'arrêtent c'est nous qui reprenons et ainsi de suite jusqu'à la nuit. »

« Je commence à être fatigué : 29 au soir et 30 octobre toute la journée de garde ; le soir je couche sur la paille : le lendemain matin nous allons charger des obus sur les voitures à 16 kilomètres de notre cantonnement, total 36 kilomètres dans les pattes. Comme nourriture, une boîte de *singe* de 300 grammes à partager entre quatre, avec une boule de pain et un quart de vin. Nous arrivons à 5 h. 1/2 du soir au cantonnement. Je ne suis pas encore déshabillé qu'on me dit de partir au tir de nuit ; mais je la *pile* (?) et je veux manger avant. Pendant ce temps R..... prépare ma couverture et en route jusqu'à ce matin.

« Heureusement que nous avons repos. Je vais en profiter pour me laver et aller à la messe, si c'est possible, et ensuite je rangerai les tombes des pauvres diables qui sont tombés sur le champ de bataille, surtout qu'il y en a cinq autour de nous. Leur tombe est bien rangée ; ça nous fait de la peine de voir ça. Pauvres gas pleins de vie et deux minutes après avoir qu'un cadavre sous les yeux. Oh ! oui la guerre est une chose affreuse, mais quand on lutte pour notre indépendance, c'est une chose sacrée. Pas un seul de nous ne ronchonne quand on peine. Si l'on est fatigué on chante pour se donner de la contenance. Si l'un de nous est trop fatigué, on lui dit d'aller se coucher. Des fois il refuse, mais d'autres acceptent ; alors, c'est un de bonne volonté qui vient le remplacer, le travail ne souffre pas et ça marche toujours bien. Pour aller au tir on irait toute la journée. Pour moi je suis amorceur ; je prépare les obus explosifs et c'est de grand courage qu'on les prépare, car tant que nous aurons de ces joujoux on ne craindra rien. »

3/11/14.

« Je ne reçois toujours rien de vous et ça commence déjà de m'ennuyer. Je suis content que lorsque je vais au tir pour pouvoir démolir des Boches. Un jour nous avons fait un tir épatant. Les obus pleuvaient comme grêle. Les coups étaient tellement rapprochés qu'on aurait pu croire une énorme mitrailleuse. Ce coup-là les Boches ont reçu une bonne dégelée. Une seule batterie du..... a tiré 1100 coups de canon en dix heures de temps. Leurs marmites n'ont pas touché un seul artilleur. Juste avant-hier un du 6e, qui est sourd, n'a pas entendu le ronflement d'une marmite ; ne s'étant pas couché il fut touché au flanc ; blessure grave mais pas mortelle, heureusement pour lui. Dimanche les pruneaux ont éclaté 50 mètres derrière notre cantonnement, mais pas un de nous n'a bronché. J'ai été voir les trous faits par les obus Boches. Ça fait quelque chose comme trou, mais ça ne fait pas beaucoup de mal. Heureusement ils tirent tellement mal, c'est à faire plaisir. »

D'ailleurs, s'il faut en croire le récit suivant emprunté à *la Liberté*, l'extrême rapprochement des positions adverses, sur certains points, et les nécessités communes de l'existence ont pour résultats des trèves, on pourrait presque dire des relations de bon voisinage..... intermittentes. Dans le village de X... nos soldats et les autres ne sont séparés que par l'étendue d'un jardinet. Il y a des moments où d'un bord à l'autre on se fait des politesses.

Une vache oubliée dans le jardin par son propriétaire qui avait eu, sans doute, à sauver d'autres bibelots plus précieux, sert de parlementaire. Quand les soldats français ont envie d'aller puiser de l'eau à la fontaine, car il y a aussi une fontaine dans le petit clos, la vache est invitée à s'approcher du mur français. Puis elle est renvoyée avec cet écriteau attaché à la queue : *Nous voulons aller à la fontaine, Messieurs les Allemands sont priés de ne point y faire obstacle.* Quand c'est le tour des Allemands d'aller se rafraîchir, le ruminant-sandwich se prête obligeamment à la démarche parallèle.

Mais parfois l'autorisation est refusée ; alors la vache mitoyenne est renvoyée au camp allemand avec cette invective amarrée au bout de la queue : *Sales Boches*, ou elle retourne au camp français avec cette réplique : *Sales Piloux*.

Je lis sur un journal :

Nous sommes à Neuilly à l'hôpital Américain. L'on prépare une cérémonie touchante : la remise de la médaille militaire à un sergent qui se conduisit magnifiquement au feu. Mais ses blessures sont très graves, des plus graves. Le chirurgien affirme qu'il ne passera pas la nuit.

Les quelques blessé qui ont pu quitter leurs lits se sont groupés en l'honneur de leur camarade ; un colonel, également blessé, qui a mis pour la circonstance la croix sur sa robe de chambre, va épingler la médaille sur la chemise du sergent. Le héros, moribond, tente vainement de se dresser sur ses oreillers; il murmure :

« Mon colonel... avant la médaille... laissez-moi l'embrasser. »

Le docteur est là, aussi ; il grossit une voix cordiale qui veut rassurer le malade perdu :

« Ca va bien si vous êtes content, mon garçon, voilà qui va vous remettre d'aplomb et vivement ! »

Mais le sergent a lentement baissé ses paupières sur des yeux où s'avivait la dernière étincelle de vie, et il trouve la force de murmurer encore :

« Ce que ma femme va être contente ! »

Aujourd'hui mille choses pleines d'intérêt sur la guerre ; voici une lettre écrite dans *l'Aisne*.

« J'ai assisté à la bataille de Vailly que les

Allemands avec la duplicité et l'exagération qui leur sont coutumières ont transformée en victoire retentissante.

« Vailly est un chef-lieu de canton de 2 000 habitants, tapi au fond de la vallée, le long de l'Aisne, sur la rive droite. Déjà fort éprouvé par de nombreux bombardements, il fut anéanti par les obus teutons. Cette pluie de fer n'en chassa pas les troupes. Dans la fumée épaisse de la poudre nos soldats se battirent rue par rue, maison par maison. Les Allemands descendaient des crêtes par colonnes serrées; sur eux nos mitrailleuses travaillaient sans répit.

« Dans la même région, notre mouvement de repli nous contraignit à abandonner quatre canons intransportables, pièces sacrifiées d'avance, et elles tinrent bon cependant jusqu'à la dernière extrémité.

« A la fin il n'en restait plus qu'une en batterie ; à côté d'elle, un servant qui s'était juré de ne quitter la place que lorsqu'il triompherait ; il tirait sans relâche sur les Allemands qui s'avançaient par quatre devant lui.

« Bientôt ils ne furent plus qu'à 300 mètres. Notre artilleur tirait toujours, fauchant les rangs ennemis. Il restait 12 obus à notre héros, il les cracha sur les Prussiens, tirant le dernier à 50 mètres d'eux, puis démontant froidement la culasse de son canon il se retira avec une blessure au côté.

« Ce fut, dit-on, effroyable, les Allemands ont été hachés. Nos braves soldats ont regagné depuis le terrain perdu dans cette journée sanglante. »

Autre lettre d'un mobilisé.

« Chaque matin vers 11 heures, un camarade propose : allons-nous faire la vache ? Nous quittons la tranchée, descendons la colline, traversons un petit bois et nous nous arrêtons sur le remblai qui domine la voie ferrée ; une centaine de personnes ont déjà pris place dans cet amphithéâtre improvisé.

« Il y a de braves femmes qui apportent avec elles leur pliant et des confitures; il y a deux vieux médaillés de 1870 ; il y a le cantonnier ; il y a encore des Sénégalais, et enfin, il y a nous, les officiers de la tranchée voisine, dont c'est l'heure de la pause.

« Tenez, écoutez, cela doit être du matériel. Là-dessus chacun se tait et écoute une sorte d'halètement qu'accompagne un grondement lointain, c'est un convoi tiré par une locomotive, qui s'avance sur la voie ferrée.

« Nous faisons tous la vache... (Faire la vache en argot c'est regarder le train.)

« Pas deux trains qui se ressemblent : celui-ci est muet et porte cette inscription à la craie : *Munitions* ; ce sont des victuailles destinées à notre cher 75 et on les contemple avec affection ; celui-là au contraire recèle dans ses flancs je ne sais quel grouillement de vie et d'activité : il emmène des hommes et rarement ces hommes sont immobiles. Par les portes ouvertes des fourgons, on les voit qui se livrent aux occupations les plus variées : nettoyages, écriture de cartes postales, battage de capotes, jeu de dés ; hier, j'en apercevais un qui se faisait la barbe avec un rasoir mécanique.

« Il sort du reste de ces trains qui passent je ne sais quel parfum de jeunesse et de gaminerie. Ils portent l'estampille indélébile de l'esprit français. Pas un wagon qui ne porte une inscription drolatique : *Le fameux train de plaisir pour Berlin ; en approchant des lignes allemandes, prenez garde à votre poche ;* etc.

Voici une autre lettre donnée par *le Gaulois:*

« Tout va très bien ici : la santé est bonne, le moral excellent et notre service est très doux en comparaison de celui que doivent assurer les camarades qui sont dans le Nord. Entendons-nous : service dans les tranchées. J'ai un poste délicieux où l'on est fort bien : un trou dans le sol avec une cheminée. De temps en temps reconnaissance en avant des lignes, ce qui me donne l'occasion d'un petit baptême du feu. Très jolie la musique d'arrivée. Personne de touché. Ils tiraient trop à gauche ; 50 mètres de trop.

« Pour varier, service de garde dans un village avec les Boches en vis-à-vis, très intéressant.

« Mais, ici le constraste est saisissant : partout les paysans des Vosges travaillent aux champs même entre les deux lignes. Hier, je fus ému au tableau que voici : le soleil rougeoyait au couchant et, passant par dessus une des grandes forêts qui entourent Lunéville, ses rayons venaient dorer nos tranchées. Devant moi, d'un geste large et tranquille, un paysan semait du seigle dans ce champ retourné par le soc, mais fouillé aussi par les obus.

« Ce geste de semeur *quand même,* quel symbole d'espérance dans la vie de demain, etc.

« Aujourd'hui, ma compagnie étant de repos s'en fut au bois (ici on prononce *boë*) pour y cueillir fleurs et feuillages nécessaires à la confection de croix et couronnes que nous avons portées sur les tombes de quelques braves enterrés ici.

« Quelques paroles du commandant de ma compagnie pour dire à mes hommes que ceux-là étaient des heureux puisqu'ils avaient rempli leur devoir et donné leur vie pour l'idéal que nous défendons tous. J'ai vu quelques larmes couler.

« Demain, nous irons porter nos souvenirs dans un cimetière, puis à trois tombes isolées, près d'une gare, où chaque jour la piété d'une Française dépose des fleurs fraîches. A qui le tour demain? Dieu seul le sait, et croyez que beaucoup, maintenant, retrouvent leur vieux fond de catholique. Dimanche, à la messe, l'église était comble.

« Je m'occupe de fournir des vivres aux hommes, j'ai réussi à trouver hier dans un village en avant de nos lignes 53 têtes de volailles. Vous voyez la joie de mes lascars et d'ici quelques jours j'aurai un joli *habillé de soie* à leur partager.

« Quand le soldat a bien mangé, on peut en faire ce que l'on veut et je peux répondre des miens.

« Lorsque tout sera fini nous espérons bien aller voir là-bas la tournure des aîtres, on en aura long à raconter. Je rapporterai à la rédaction un petit obus qui fera un encrier superbe. Bonjour à tout le monde, je serai sûr de n'oublier personne. »

Lu dans *la Liberté* :

LE CALVAIRE DE L'IMMOBILISÉ

Beaucoup trop d'hommes jeunes et valides circulent encore dans Paris, mais il ne faut pas croire que leur existence s'écoule doucement, ni qu'ils jouissent impunément des avantages de leur situation.

Ils sont indésirables : les Parisiens et les Parisiennes ne laissent passer aucune occasion de le leur faire sentir de la façon la moins flatteuse ; si les balles allemandes ne les atteignent pas, ils se trouvent à tout propos exposés à être blessés dans leur amour-propre. « On a beau faire le malin, ça vous fait toujours quelque chose », dit une chanson.

Les brassards même ne suffisent pas à les protéger contre les représailles de l'opinion publique irritée.

« Vos papiers », leur demandent les agents ; un attroupement se forme, les commentaires désobligeants s'échangent ; si l'homme jeune et valide est en règle avec l'autorité militaire, la foule ne le considère pas d'un œil plus favorable. Pour échapper aux réflexions et aux regards il s'engouffre désespérément dans le métro comme un lapin dans un terrier.

Mais là, qu'il ne lui arrive pas d'effleurer le

pied d'une voisine, cette... démarche fût-elle accidentelle ? car aussitôt :

— Pourquoi n'êtes-vous pas sur le front, Monsieur ! L'homme jeune et valide s'empresse de détourner la conversation.

On lui coupe impitoyablement la parole :

— Vous avez raison, madame, dit une autre femme : Pourquoi ce monsieur n'est-il pas sur le front, au lieu de nous marcher sur les pieds ? J'ai quatre fils dans le Nord.

— Et moi, madame, j'en ai cinq dans l'Est.

— Moi je n'ai aucune nouvelle de mon mari.

— Et moi, j'ai le mien blessé.

— C'est malheureux tout de même de voir ce monsieur ici, fait le chœur des voyageurs.

Et l'homme jeune et valide, confondu par ces voix vengeresses auxquelles il n'y a rien à répondre, descend à la prochaine station du métro.

LES AMBULANCES

J'arrive de l'ambulance, toute heureuse de constater combien ces chers soldats sont bien soignés. Que de bonnes infirmières, aussi bien dans les femmes du monde que dans les religieuses : ces dernières surtout font des merveilles. Elles voient dans cette œuvre, toute de cœur, de charité et de dévouement, le moyen de plaire à leur Divin Maître. Lorsque les nombreux pansements sont finis, que la toilette des blessés est achevée, il faut s'ingénier pour les occuper pendant ces longues et tristes journées d'hiver où les infortunés sont là, n'ayant rien à faire.

Il faut qu'ils n'aient pas trop le temps de penser, autrement les idées tristes pourraient venir. Un jour, je m'étais entretenu longuement avec un de ces braves gens; quand il arriva à me parler de sa petite famille, ce fut plus fort que lui : les larmes lui sont venues aux yeux.

Une autre fois, un jeune homme qui avait le

bras en écharpe me dit : « Je vais retourner ces jours-ci au pays pour me soigner pendant quelque temps, mais je suis triste d'y rentrer estropié, bon à rien, et je n'ai que vingt ans. »

Cependant, presque tous sont pleins de gaîté et d'entrain et il est très facile de les amuser. Ils aiment le théâtre et, dans l'ambulance dont je parle, ils ont chaque semaine deux séances qui font leur bonheur. Les Sœurs emploient tous les moyens ; il n'est pas rare de les voir jouer aux cartes avec leurs malades et faire des parties souvent très longues.

Dans un établissement situé à la campagne, on a imaginé de faire faire un peu de musique aux blessés ; avec le secours des religieuses ils sont arrivés à exécuter l'*Adoremus*, des cantiques et d'autres chants au Salut. Il paraît que plusieurs se sont révélés comme des artistes en herbe et se passionnent pour la musique.

Il y avait à Clermont-en-Argonne un hôpital où non seulement les malades, mais aussi les vieillards étaient soignés. Il était dirigé par une Sœur de Saint-Vincent-de-Paul dont les Lyonnais ont gardé le souvenir pour avoir, pendant nombre d'années, apprécié ses bienfaits, Sœur Gabrielle. Dès le début de la guerre, les blessés y avaient aussi trouvé leur place.

Cependant l'invasion avait commencé, les troupes allemandes avançaient ; quelques jours avant la bataille de la Marne, leur arrivée à Clermont apparut inévitable. Les petits blessés se mirent en marche ; les grands furent hissés dans des autos.

— Et maintenant, dit le major à la Sœur, vous allez vous en aller avec nous.

— Pouvez-vous emmener mes malades et mes vieillards ?

— C'est malheureusement impossible.

— Alors, faites bon voyage ; moi je reste avec eux.

Peu de temps après, on se battait avec acharnement autour de Clermont ; les obus menaçaient de tout détruire, l'hôpital comme le reste; la bonne religieuse avait descendu et installé tout son monde dans les caves; elle attendit.

Au fracas de la lutte avaient succédé le calme et le silence. Ils furent bientôt troublés par un bruit cadencé caractéristique; l'ennemi prenait possession du pays; par les soupiraux des caves on pouvait apercevoir les casques à pointe.

Tout à coup tapage infernal; la porte de l'hôpital est violemment heurtée, puis enfoncée à coups de crosse. La Sœur a tout juste le temps de monter; elle se trouve en face d'un détachement précédé de trois officiers, revolver au poing.

« C'est ici la demeure de la souffrance et des infirmités, leur dit-elle résolument; vous n'irez pas plus loin. »

Les officiers se concertèrent un moment, puis l'un d'eux, s'adressant à la courageuse femme en un excellent français : « Il faut que nous visitions entièrement la maison; laissez-nous la visiter; nous vous donnons notre parole d'honneur qu'aucun dommage ne lui sera causé. »

« Allez, Messieurs, je compte sur votre parole. »

Mais, suivant les rites de la culture allemande, il n'y a pas de bonne occupation sans incendies. Le lendemain une maison flambait, puis une autre, puis l'hôpital commençait à son tour.

En un clin d'œil Sœur Gabrielle était à l'hôtel de ville, en face du commandant de place :

« Général, mon hôpital est en flammes ; hier vos officiers m'avaient donné leur parole d'honneur qu'il ne subirait aucun dommage ; ils l'ont reniée ; jamais un officier français n'aurait fait cela. »

Devant cette apostrophe, la fureur du général ne connut plus de bornes et la vaillante Sœur put croire sa dernière heure arrivée. Cependant il ne tarda pas à se calmer et les mesures furent prises pour arrêter l'incendie de l'hôpital.

Quelques jours plus tard, la sainte religieuse risquait une seconde fois sa vie pour les habitants de Clermont. Sous prétexte qu'une sentinelle avait été légèrement blessée par un coup de feu tiré dans les bois voisins, des femmes, des enfants, des vieillards étaient arrêtés comme otages et menacés d'être passés par les armes quand Sœur Gabrielle intervint.

« S'il vous faut une vie humaine pour payer l'écorchure faite à votre soldat, prenez la mienne, mais épargnez tous ces innocents. »

Encore une fois le sang-froid et la dignité eurent raison de ce que le Kaiser a dénommé pompeusement *Furor teutonicus* et qui ressemble si peu à la *Furia francese*.

La victoire de la Marne survenait bientôt ; les Allemands décampaient ; Clermont, ou, du moins, ce qu'il en restait, pouvait respirer.

De *la Stampa* :

Dans un village de Belgique, un officier allemand avait arrêté un ouvrier : la femme du malheureux pleurait, réclamait son mari : l'officier répondit : « Je vois que vous avez huit enfants ; c'est une lourde charge, mais j'ai un remède. »

Il fait disposer les huit enfants contre le mur et ordonne aux soldats de tirer. Quand le cinquième enfant tombe sous les projectiles allemands, l'officier se tourne vers ses parents terrorisés et leur dit : « Maintenant vous n'avez plus que trois enfants, le problème est résolu. »

De *l'Homme Enchaîné* :

C'était au moment de l'envoi du fameux chiffon de papier, à Belgrade. On conférait beaucoup à ce moment à Schœnbrunn ; or, il paraît qu'un jour, au cours de l'une de ces conférences, François-Joseph s'adressa au général Conrad de Hoetzendorf :

« Avez-vous déjà vu une guerre ? » lui demanda-t-il. « Non, Sire », fut la réponse. « Et moi », répliqua le vieil empereur, « j'en ai déjà perdu deux ».

Nous sommes convaincus qu'il en perdra encore une troisième.

UNE LEÇON DE PATRIOTISME

Dans le petit village de Marcilly, aux environs de Meaux, qui eut à souffrir du passage des troupes allemandes, la mairie et l'école ont été arrosées de mitraille.

Voulant donner à ses élèves qui viennent de rentrer une leçon de patriotisme, l'instituteur a laissé subsister au tableau noir l'inscription suivante, tracée à la craie, après la bataille, par nos vaillants soldats : « Le 29e chasseurs à pied, le 254e d'infanterie, le 361e d'infanterie ont battu les Prussiens ici les 4 et 5 septembre. » Les défenseurs de Marcilly avaient accroché à côté de cette note un tableau de morale, reproduction d'une scène militaire, avec cette devise : « Nous devons défendre notre patrie, comme nous défendrions notre mère. »

De *l'Intransigeant* :

C'était pendant la bataille d'Ivangorod. La nuit, une batterie russe réussit à se dissimuler heureusement, à 3 kilomètres des tranchées allemandes; mais les artilleurs ne pouvaient voir l'ennemi; alors un soldat, emportant avec lui un téléphone de campagne, rampa jusqu'à 100 mètres des tranchées prussiennes. Il se leva. L'ennemi l'aperçut, vit que c'était un Russe, fit feu. Il tomba à la première balle, eut un mouvement convulsif, puis demeura immobile. A ce moment, les premiers obus russes arrivèrent. Ils tombaient avec une précision terrible et les tranchées allemandes retentissaient sans cesse de gémissements et de cris d'horreur. Finalement, les Allemands durent abandonner leurs positions. Le soldat russe se releva alors ; son imprudence apparente, sa chute soudaine, tout cela n'était qu'une ruse héroïque pour pouvoir efficacement téléphoner à la batterie et diriger le tir des canons russes. Le général, le lendemain, sur le front de la batterie, lui remit la croix de Saint-Georges.

De *la Guerre Sociale* :

Dans un village lorrain deux officiers allemands pénètrent revolver au poing dans une chaumière laissée à la garde d'une très vieille femme. L'un des officiers se précipite sur une armoire qu'il se met en devoir de fouiller sans ménagement.

Ce que voyant, son camarade fait la même chose et met en poche quelques pièces d'or qu'il découvre avant lui sous une pile de linge. La vieille dame est atterrée. Le lendemain les deux officiers quittent le logis. Celui qui avait emporté les pièces d'or reste un peu en arrière et profite d'un moment où il n'est pas vu pour remettre à la vieille dame l'argent volé.

— Tenez, Madame, voilà vos pièces d'or. Quand j'ai vu mon camarade fouiller votre armoire, j'ai bien pensé que, s'il découvrait quelque chose, ce quelque chose serait à tout jamais perdu pour vous. J'ai préféré prendre l'argent. De cette façon, j'étais sûr que vous n'en seriez pas dépouillée.

La bonne vieille n'en est pas *revenue*.

Il y a quelques jours, j'ai été très émue en voyant partir des jeunes gens de dix-neuf ans. Ils passaient dans la rue, insouciants et heureux, en chantant de tout cœur des airs de guerre.

Quelques-uns, très élégants, avaient des bouquets blancs comme pour aller à un mariage.

La rencontre de ces jeunes gens me fit longtemps penser à cette longue guerre. Voici l'entraînement auquel sont soumises ces nouvelles recrues :

De 6 heures du matin à 5 heures du soir, conducteurs et servants apprennent à monter à cheval, atteler, conduire, mettre en batterie, prendre les dispositions du combat, pointer le merveilleux 75.

Les jeunes soldats regardent tous ces nouveaux engins avec une curiosité émue et le temps leur paraît long avant de s'en servir.

LA SAINT-ALBERT

Etant malheureusement loin de Paris le jour de la fête du roi des Belges, j'ai dû m'unir *de cœur* à la magnifique cérémonie qui a eu lieu à Notre-Dame et faire une bonne prière pour celui à qui nous devons une si grande reconnaissance. Voici quelques passages des paroles émouvantes de l'éloquent dominicain qui avait choisi un sujet bien approprié à cette journée du 15 novembre où la Belgique fête son souverain.

L'orateur parla de ce peuple chevaleresque qui, par sa vaillance, a obtenu les hommages de tous les peuples et particulièrement ceux de la France dont il a positivement servi la juste cause.

« La Belgique a connu, s'est écrié le père Janvier, ce surcroît de grandeur, cette surabondance d'énergie, cette ivresse de vie morale que l'héroïsme apporte avec lui.

« Héroïque elle a été, lorsque sommée d'obéir

à l'ultimatum du prince le plus puissamment armé, ou d'affronter les horreurs d'une guerre sans merci, elle s'est prononcée, dans la mémorable séance qui n'a pas duré un quart d'heure, pour le droit contre la force.

« Héroïque elle a été, lorsque, avec une poignée de braves, elle a osé résister à l'assaut des envahisseurs, durant des semaines inoubliables les tenir en échec.

« Héroïque elle a été, lorsque refoulée de Liège à Namur, de Namur à Bruxelles, de Bruxelles à Anvers, d'Anvers à Ostende, d'Ostende à Dixmude, elle a refusé la paix qu'on ne rougissait pas de lui proposer.

« Héroïque elle a été, dans ce jeune et grand roi qui, sans souci de sa personne, partage toutes les épreuves de ses sujets, vit avec ses soldats dans les tranchées, commande sur les lignes de feu et au lendemain des pires catastrophes s'écrie fièrement : « la Belgique est bri-
« sée, elle n'est pas soumise ».

« Héroïque elle a été, dans cette reine qui, toujours aux abords des champs de bataille, panse les blessés et charme par sa grâce, par sa foi, par son espérance, les dernières heures des mourants.

« Héroïque elle a été, dans ses ministres à jamais illustres qui, secondant leur souverain, travaillent sans relâche pour leur patrie et la servent avec un dévouement, avec un désintéressement, avec une intelligence remarquables.

« Le philosophe disait qu'un jour, qu'une heure, qu'une minute d'héroïsme valent plus qu'un siècle de prudence ou de vulgaire vertu. Depuis trois mois et demi, la Belgique vit d'un inépuisable héroïsme. Elle a un droit rigoureux à l'admiration qui soutiendra son courage, aux applaudissements qui souligneront sa magnanimité, aux acclamations qui, d'un bout à l'autre de l'espace, rendront témoignage à ses vertus. »

Un frémissement secoua l'assistance à ces fières et éminentes paroles.

Des applaudissements couvrirent la voix de l'orateur; mais se ressaisissant, comme si sa modestie eût été froissée d'entendre de pareilles acclamations en un lieu de sainteté, le père Janvier s'inclina respectueusement devant la duchesse de Vendôme et dit :

« Madame, lorsque vous aurez la joie de rencontrer votre auguste frère, dites-lui que tous les Français s'inclinent devant sa royale ténacité, devant la majesté de ses hautes vertus. Vous tous qui représentez ici la Belgique, dites à vos cités que la France sera jalouse de leur rendre au centuple ce qu'elle en a reçu. Dites-leur que le moment approche où les bourdons de Sainte-Gudule et de Notre-Dame unissant leurs voix entonneront le *Te Deum* de la paix et proclameront que la Belgique et la France aimées de Dieu ne meurent pas. »

Du 15 au 19 novembre, la distance est si faible; de la Saint-Albert à la Sainte-Elisabeth, la transition s'impose; quelques extraits du délicat article publié à cette occasion dans *la Liberté* trouvent ici tout naturellement leur place.

« Tous les ans à ce jour, dans la douceur ouatée du matin brumeux, les jolis carillons de

Flandre et de Wallonie annonçaient la fête de la reine, la Sainte-Elisabeth, et des pensers reconnaissants fleurissaient dans les cœurs de tous ses sujets.

« La reine, très douce, est adorée. On connaît d'elle mille traits de charité. Aujourd'hui, elle a pour palais un hôpital. Tandis que son époux assiste aux combats, dans les tranchées, au milieu de ses soldats que sa vaillance et son sang-froid réconfortent et électrisent, elle panse les blessures; elle apaise les fièvres; elle remplace auprès des mourants les mères. Et toute la piété des mères tient dans son cœur, palpite doucement dans ses mains et adoucit les cruelles souffrances.

« Les carillons de Flandre et de Wallonie ne sonneront pas aujourd'hui; ils sont brisés. Mais un autel est paré dans toutes les âmes des femmes françaises pour le culte de cette reine qui entre dans l'Histoire par un chemin tout fleuri de pensées d'amour et de reconnaissance. »

Parmi les innombrables témoignages d'affection adressés, à l'occasion de leur fête, aux souverains des Belges, il s'en est sans doute trouvé peu d'aussi touchants que ce billet d'une fillette de huit ans, Suzy, de Tassin-la-Demi-Lune, près Lyon, reproduit par *le Nouvelliste* :

« Cher Monsieur le Roi,

« Je vois que dimanche c'est la Saint-Albert, aussi je veux vous souhaiter une bonne fête en vous envoyant un trèfle à quatre feuilles que j'ai cherché pour vous dans le jardin de ma grand'mère.

« Je sais que vous avez eu du chagrin et je veux que mon trèfle vous porte bonheur, à vous et à votre chère famille. Maman m'a dit que vous et Madame la Reine aviez été si courageux, aussi je vous admire et vous aime bien. J'aimerais bien que vous soyez notre roi de France. Je vous fais ma révérence en baisant la main de Madame la Reine.

« Une petite Française de huit ans. »

❦

Lu dans *le Gaulois :*

Voici une lettre qui constitue le plus palpitant des comptes rendus :

« Le camp de ma compagnie était en fête hier, grâce au bon cœur des gentilles Parisiennes du IXe arrondissement.

« Mes chasseurs, avertis, attendaient depuis quelques jours, avec beaucoup d'impatience, les ballots annoncés par le Comité de l'œuvre du *Sac*.

« Aussi se pressèrent-ils nombreux, le cœur et les yeux en fête, lorsque les petits paquets du soldat furent déchargés devant ma baraque. J'appelais bien vite mes officiers pour procéder à une répartition équitable de toutes les jolies choses qui nous venaient de la capitale et je commençais même à défaire quelques paquets si gentiment préparés. Que voulez-vous, voilà trois mois que j'ai quitté la France avec mes chasseurs, trois mois pendant lesquels je n'ai pu admirer le délicat travail des délicieuses Parisiennes, et je cherchais surtout dans les petits ballots, il faut bien le dire, la note grave, émue, qui donne tout le prix à l'envoi, la petite étiquette *Vive la France !* les mots d'encouragement, d'espoir, de surprise et d'ingéniosité touchante.

« Mais les petits paquets étaient trop. Bien vite je dus renoncer à l'idée de les défaire tous, car mes petits vitriers s'énervaient et à bien juste titre. Ne fallait-il pas leur laisser ce plaisir si délicat de la surprise ?

« Et ce fut une ruée joyeuse dans les baraques où les escouades se rassemblèrent pour procéder au déballage. Ah ! si les Parisiennes avaient pu escorter leurs petits paquets, elles auraient été payées au centuple de leurs peines.

« Leurs petits pieds auraient mis de longues heures à gravir les montagnes des Vosges que nous gardons. Elles auraient trouvé bien maussade notre camp dans les sapins, près des sommets : les toits des baraques sont en planches, leurs murs sont faits de mottes de gazon, on y dort sur un lit recouvert de fougère. Mais ce camp dressé par nos chasseurs est en Alsace et cela seul eût suffi pour le faire paraître délicieux aux vaillantes Françaises.

« Elles n'auraient plus hésité alors à pénétrer dans les petites baraques et comme elles auraient été heureuses au spectacle des joies qu'elles ont apportées. Dans le cercle de l'escouade, les braves chasseurs aux doigts malhabiles défaisaient avec précautions les ballots et de suite cherchaient la surprise ; ils fallait les voir chercher dans les pochettes des chemises, dans les plis des vêtements, brandir les paquets de tabac, de chocolat. Comme leurs yeux brillaient ! comme les rires fusaient !

« Puis ils redevenaient graves, comme il sied aux sentinelles d'Alsace, ils lisaient : *Vive la France !* étiqueté sur le paquet et tendrement les mots *espoir et courage* envoyés par Madeleine, Jeannette, etc., etc.

« Mais l'un d'eux découvrit une grande feuille de papier qu'il déplia bien soigneusement. « Oh !
« une poésie, s'écria-t-il, des vers d'une Pari-
« sienne qui s'appelle Jeanne Longlier-Chartier.
« Allons, silence là-dedans. »

« Recueillis cette fois, l'oreille tendue, les yeux mouillés, les petits vitriers écoutèrent le Chant du Tricot.

« Oh ! merci, gentilles, gentilles Parisiennes, dont le brave petit cœur nous cause tant de joie, merci à la poétesse dont le nom restera gravé dans le cœur des chasseurs et qui, si gentiment, traduit les sentiments de la Française, de la Parisienne.

« Le *Tricot du Soldat* sera affiché dans le camp et bientôt les vitriers le sauront tous par cœur.

« Il me semble que, si nous connaissions les noms de tous ceux et de celles qui nous ont fait tant de plaisir, nous ne pourrions jamais les oublier.

« Puisque ce devoir est impossible à remplir, hommages attendris aux tricoteuses, et agréez nos remerciements émus. »

Une telle lettre est la plus belle des récompenses. Tout en étant remplie de cœur et d'esprit, elle nous fait vivre quelques instants dans ce beau pays si rempli de souvenirs.

Du *Gaulois* :

Nous avons annoncé la mort glorieuse du commandant Verlet-Hanus ; aujourd'hui *le Figaro* publie quelques détails particulièrement émouvants sur la fin de cet héroïque soldat.

Dans les Vosges, l'ordre avait été donné au bataillon d'enlever une position sous bois. Ses diables noirs — comme les Allemands appellent les Alpins — partent à l'assaut. Ils sont accueillis par un feu terrible, un obus tombe sur le commandant qui a l'artère fémorale sectionnée. Prévenu, le médecin-major accourt. La veille il avait expliqué à son chef que la couleur de l'étiquette attachée au brancard indique la gravité de la blessure.

Etiquette blanche, c'est-à-dire blessure sans rémission. Après une courte syncope le commandant revient à lui ; d'une voix ferme il dicte un ordre à son bataillon :

« J'adresse à mon beau bataillon le plus affectueux salut : je le remercie d'avoir combattu avec autant de bravoure et d'énergie jusqu'à présent et je lui demande de continuer plus que jamais à lutter pour la France. »

Le commandant Verlet-Hanus fait ses adieux aux officiers présents ; au moment où le brancard sur lequel il est placé est posé sur une voiture d'ambulance les chasseurs rendent les honneurs.

Pendant le trajet, jusqu'à l'hôpital de Gérardmer, l'héroïque soldat qui n'a pas perdu connaissance ne cesse de penser à ses hommes et de donner des ordres. Il meurt à l'hôpital à 7 heures du soir. Il avait été blessé à 3 heures de l'après-midi.

Du *Gaulois* :

NOTES SUR LA GUERRE

Depuis l'occupation d'Ostende par les troupes allemandes, on n'avait pas eu de nouvelles de la célèbre plage belge ; on sait que par ordre des autorités les habitants durent rester cinq jours dans les caves.

Lorsqu'il leur fut permis d'en sortir, ils constatèrent que des tranchées avaient été creusées dans les rues principales et que des canons étaient placés un peu partout.

Là, comme ailleurs, l'attitude des Allemands fut ignoble. Les riches maisons de la ville et les coquets chalets de la digue ont été au pillage; les malfaiteurs de l'armée ont volé l'argenterie, les bijoux, les objets de toilette et parfois les meubles. Le chalet royal a été en partie brûlé.

Les habitants sont soumis par les autorités allemandes à un règlement des plus sévères. Ainsi ils ne peuvent quitter leur domicile avant 9 heures du matin et doivent le réintégrer à 5 heures du soir, au plus tard. Toute infraction au règlement est l'objet de peines sévères.

Du *Gaulois* :

RÉCITS DE GUERRE

L'état-major anglais prenait son repas le 10 novembre, vers 7 heures du soir, lorsque parut un soldat qui vint apporter un pli du colonel de service aux avant-postes ; ce pli annonçait l'approche de l'ennemi qui suivait en fortes colonnes la route de Zonnebeke : dix batteries d'artillerie et deux grosses pièces étaient encadrées par d'imposantes forces de cavalerie et d'infanterie. L'alarme fut aussitôt donnée par le général anglais qui hâta le départ de ses troupes avec lesquelles il alla se placer près de Zonnebeke à un endroit où la route coupe deux fois la voie ferrée de Roulers à Ypres. Il fit installer ses canons, un poste de télégraphie sans fil et donna ordre à son artillerie d'ouvrir le feu.

L'ennemi ne répondit pas. La télégraphie fonctionna et d'Ypres arrivèrent les avions anglais et des projecteurs de grande puissance. Lorsque la lumière éclatante éclaira le terrain, on aperçut à 200 mètres de Zonnebeke l'armée allemande qui s'avançait sur nos alliés. C'était là une surprise que les Allemands voulaient leur ménager, mais ils ne s'imaginaient pas être attendus.

De nouveau les projecteurs éclairèrent les masses ennemies et découvrirent que l'infanterie était composée par une troupe d'élite, la garde prussienne, et la bataille commença.

D'abord quelques coups de feu espacés, puis, soudain le fracas terrible d'une fusillade *intense*.

Du côté allemand, le feu se faisait au commandement. Le premier rang était couché à terre, le second à genoux, les autres debout. Dès qu'un homme tombait, le suivant prenait sa place.

Les rangs allemands s'ouvrirent tout à coup, les mitrailleuses apparurent. La situation des Anglais était critique. Leur général ordonna la charge à la baïonnette. A la tête de son régiment, un colonel s'élance et crie ces mots : « Pour l'honneur de l'Angleterre ! »

Les Anglais se précipitent, les premiers rangs s'entrechoquent et souvent les deux adversaires se transpercent. Un jeune Anglais à lui seul fait plus de dix victimes et n'a aucune blessure. Il paraît invincible, chaque Allemand qu'il atteint est perdu. Puis, sur la boue sanglante il a glissé et vient s'embrocher sur l'arme d'un agonisant.

Pendant une demi-heure, on vit les hommes se précipiter les uns sur les autres, la figure grimaçante; on entendait des cris de rage et des plaintes. Les soldats étaient couverts de boue sanglante. La garde prussienne chancelait. Lentement, irrésistiblement les Anglais creusaient leur sillon rouge. Et ce fut dans les rangs allemands la débandade. Un clairon anglais sonna un air de victoire et la garde prit la fuite. Le corps d'élite du Kaiser, la fameuse garde prussienne, venait d'être écrasé par la petite armée anglaise, et Zonnebeke restait aux mains de nos alliés.

Du *Gaulois* :

UNE SCÈNE A L'HOPITAL

Un soldat blessé sur le champ de bataille se mourait à l'hôpital maritime d'hémorragies successives et le seul moyen de le sauver était d'avoir recours à la délicate opération de la transfusion du sang. Son voisin de lit, un autre blessé de la guerre, un Breton, Isidore Calas, presque rétabli, s'est aussitôt offert.

Le docteur lui a expliqué ce qu'il aurait à endurer, car on ne peut l'endormir. Celui-ci a écouté sans hésitation, sans la moindre émotion, et, quand l'heure est arrivée, il a subi avec un courage inouï la plaie au bras, la suture à l'artère. Pendant deux heures l'eau qui a ruisselé de son front a seule laissé deviner la souffrance.

Tout étant terminé, celui qu'on espère sauver a pu rassembler un peu de force, pas assez pour parler, a passé son bras avec peine sous la tête de l'autre qui lui a apporté la vie, l'a serré fort contre lui et a déposé deux gros baisers sur ses joues tandis que des larmes de reconnaissance coulaient de ses yeux mi-clos.

Lu dans *le Gaulois* :

LE CHATIMENT D'UN TRAITRE

Le 12 septembre la bataille faisait rage autour de Reims. Près du petit village de Puisieux, situé à 10 kilomètres de Reims, très savamment dissimulées, les batteries françaises crachaient la mort dans les rangs allemands ; mais à peine les canons français tonnaient-ils, qu'une avalanche d'obus tombait dessus et nos artilleurs étaient obligés de changer de place. Une surveillance attentive fut exercée autour des troupes, elle aboutit à la découverte, à environ un kilomètre en avant des canons français, d'un berger faisant paître son troupeau de moutons. On remarqua qu'à chaque déplacement des batteries françaises le berger déplaçait dans la même direction son troupeau, dans lequel se trouvaient cinq chèvres blanches. Un signaleur allemand suivait les mouvements du troupeau, rendus plus visibles par les points blancs des chèvres, et les canons allemands, d'après ces indications, tiraient sur nos batteries.

Le berger, nommé Alfred Durat, fut arrêté et a comparu à Châlons-sur-Marne, devant le Conseil de guerre sous l'inculpation de trahison.

Le misérable, qui a avoué son crime, a été condamné à la peine de mort.

Je lis dans *la Liberté* une jolie histoire de chien militaire. Ce n'est pas parmi ces braves animaux que l'on trouverait des traîtres !

Tous les gens de Clermont-Ferrand connaissaient *Marquis*, le chien du 92ᵉ.

Marquis était un chien trouvé ; il s'était égaré un beau jour et s'était présenté à la porte de la caserne. Les hommes de garde lui avaient offert la soupe. Depuis il n'avait pas quitté son régiment. A chaque promenade militaire, il ne manquait pas d'être à son poste. Il assistait à toutes les manœuvres aussi bien sous le soleil que sous les averses. Il était d'une utilité précieuse. Le bruit des fusils, des canons ne l'effrayait pas. Il était infatigable.

Marquis portait des ordres, faisait des commissions difficiles. Là-bas, sur le front, il se faufilait le mieux possible à travers les tranchées allemandes. Les Boches ne se méfiaient pas de lui et le laissaient passer. Jamais il n'a manqué à son devoir. Quand on l'envoyait de bataillon en bataillon avec des indications bien précises, on était sûr qu'il rapporterait la réponse. En dernier lieu, il avait été chargé de porter un pli à un officier qui commandait une compagnie de mitrailleuses. *Marquis* s'en va bien vite, saute des haies, des fossés, mais au moment où il allait atteindre le but une balle allemande le frappe au côté droit. Le chien blessé se traîne péniblement perdant du sang tout le long du chemin, arrive cependant auprès de l'officier et meurt après avoir accompli sa mission. Honneur à *Marquis !*

Il est admirable le courage des jeunes conscrits. On en a eu naguère une preuve au dépôt, à Aurillac. On demandait, dans une compagnie, treize jeunes gens de la classe 1914 pour les expédier sur le front. Comme il fallait choisir sur quatre-vingt-dix-neuf, on fit appel individuellement aux volontaires en leur laissant complète liberté. Il s'en présenta quatre-vingt-onze.

Bravo, les jeunes !

Lu dans *l'Echo de Paris* :

LA MORT D'UN POÈTE

Charles Perrot appartenait à l'administration des Beaux-Arts. Il s'était fait connaître par un volume de poésies, *la Plainte intérieure*, que la critique avait accueilli avec des éloges. Cet ouvrage avait obtenu le prix Jacques Normand.

Dès le début de la guerre, il partit comme sous-lieutenant. Sa belle conduite lui valut d'être cité plusieurs fois à l'ordre du jour. Le 23 octobre, il dut conduire ses troupes à l'assaut des jardins Saint-Laurent, à Arras. Un de ses camarades, le voyant malade (Perrot avait une bronchite aiguë), lui dit :

« Tu es fatigué, reste ici ; je vais te remplacer. Tu as toujours fait ton devoir ; repose-toi. »

Et Charles Perrot lui répondit par cette belle parole :

« On n'a jamais fini de faire son devoir. »

Il commanda l'assaut et tomba raide, frappé d'une balle au front.

De *l'Excelsior* :

LE BLUFF

Les Allemands ont inauguré des procédés de guerre, le bluff en particulier ; il consiste à éblouir l'ennemi par la menace jusqu'à l'aveugler.

Ces explosions de fanfaronnade ponctuent l'histoire de la guerre et cette histoire montre la vanité de ces tentatives.

Bluff, la traversée de la Belgique sans coup férir. Anvers s'est rendue après deux mois de lutte.

Bluff, l'arrivée à Paris dans la seconde quinzaine d'août.

Bluff, la chute des bombes sur les villes et sur les foules innocentes.

Bluff, le canon qui doit porter à 44 kilomètres et de Calais bombarder la côte anglaise.

Bluff, cette férocité systématique dont l'effet de terreur devait ouvrir sans combat villes et villages aux hordes ennemies.

Là où éclate la fantasmagorie du bluff c'est dans cette histoire de débarquement en Angleterre ; Dunkerque et Calais comme bases d'opérations. Des zeppelins que l'on construit à grand fracas doivent survoler Londres. Des navires doivent transporter des centaines de mille hommes, sans compter le canon monstre qui doit pulvériser les forteresses.

L'irréalisation de ce plan semble certaine.

Derrière chacune de ces tentatives d'intimidation il faut discerner le but caché. Il s'agit d'obtenir par la menace ce qu'on n'est pas sûr d'obtenir par l'action.

Certes, il est plus facile de tuer une petite fille avec une bombe aérienne que de prendre une ville. De même, il est plus aisé de brandir un canon de 21 mètres, peut-être imaginaire, que de prendre l'Angleterre.

Du *Gaulois* :

FUSILIERS MARINS

On parle beaucoup des exploits des fusiliers marins qui viennent d'enlever à la baïonnette le château de Dixmude. Depuis leur entrée en campagne, nos braves mathurins n'ont cessé de combattre en première ligne. Leur dernier exploit est la prise d'un château situé à 3 kilomètres de Dixmude. Lorsque les Allemands occupèrent la ville ils s'installèrent dans ce château qui, dominant l'Yser, constitue une situation importante. Le commandant français résolut de les déloger. Notre artillerie se livra en premier lieu à un bombardement en règle. L'ennemi tenait toujours, on eut alors recours aux fusiliers marins.

Ceux-ci quittèrent leur cantonnement au milieu de la nuit, et, profitant d'une violente tempête, réussirent à s'approcher du château sans éveiller l'attention des Allemands. Puis, dès que le jour parut, ils s'élancèrent à l'assaut chargeant à la baïonnette. La lutte resta longtemps indécise. Après un instant de surprise les Allemands s'étaient ressaisis et ils dirigèrent contre les assaillants un feu terrible. Avec un entrain admirable, les fusiliers marins poursivirent leur effort sous la mitraille et ils ne s'arrétêrent que quand ils eurent culbuté l'ennemi. A 10 heures du matin, le château était entre nos mains et les Allemands rejetés à plusieurs kilomètres.

Lu dans *le Nouvelliste de Lyon* :

MORT DU COMMANDANT DE RIVASSO

On annonce la mort du comte de Pighessi de Rivasso fait commandant et chevalier de la Légion d'honneur pour actions d'éclat.

Une première balle lui avait arraché un morceau d'oreille, une seconde lui avait transpercé la cuisse, un éclat d'obus lui avait labouré le genou; mais ce soldat était de ceux qui ne s'arrêtent pas. Il s'était fait panser et marchait péniblement avec une canne; il n'avait pas quitté les tranchées de son 2ᵉ bataillon, de ce bataillon qu'il a si merveilleusement électrisé que le général de Castelnau l'appelle *la Vieille Garde*. Il y a quelques jours le commandant était allé explorer l'horizon avec des officiers d'artillerie et désignant un point ennemi il leur dit : « C'est cette batterie allemande qu'il faut réduire au silence. » Pendant qu'il leur expliquait d'où ils tireraient le mieux, un obus s'écrasa sur le sol, un éclat lui traversa le ventre de part en part. Des chasseurs le transportèrent à l'ambulance du XXᵉ corps où il eut le bonheur de trouver sa femme qui s'était dévouée aux blessés depuis la guerre.

Au prêtre-soldat qui lui donna l'absolution le commandant de Rivasso dit :

« Merci, Monsieur, vous m'avez fait du bien. »

A son fils de dix ans qu'il bénit : « Sois toujours un chrétien et un patriote. »

Aux officiers qui venaient l'embrasser :

« Merci, Messieurs.

« Vive la France ! »

Paris, 26 novembre.

Le *Journal Officiel* a publié la citation suivante : « Est inscrit au tableau pour la médaille militaire, le caporal Philip, du 24ᵉ d'infanterie coloniale ; se porta sur la ligne de feu, sous une vive fusillade, pour relever un officier blessé ; de plus, étant en patrouille, mit en fuite une troupe numériquement supérieure, nous assurant la possession d'une tranchée ; blessé plusieurs fois, ne se fit panser que vingt-quatre heures après, refusant d'être évacué ; fut ensuite grièvement blessé. »

Le courageux caporal François Philip, dont il

est question, est originaire de la Cabanasse (arrondissement de Prades); il est arrivé à Perpignan avec le dernier convoi de blessés et un correspondant du *Temps* a pu le voir à l'hôpital auxiliaire de l'Union des Femmes de France, où il est en traitement.

Sans parler du courage qu'il déploya en relevant et en sauvant, sous une fusillade terrible, son lieutenant grièvement blessé, et que les Allemands allaient emporter, voici le fait principal qui a valu à Philip la médaille militaire.

Un jour, le colonel C...., ayant besoin d'être renseigné sur les forces ennemies, fait appeler Philip.

— Je te sais brave et courageux, lui dit-il, c'est pourquoi je vais te charger d'une mission extrêmement périlleuse. La nuit venue, tu prendras vingt-cinq hommes et tu iras sur cette crête où l'on voit des soldats allemands faire une tranchée. Tu tâcheras de rester là jusqu'au matin en te dissimulant, toi et tes hommes, puis tu viendras me rendre compte de ce que tu auras vu.

— C'est bien, mon colonel, j'irai, dit Philip sans hésitation.

— Sais-tu que tu risques ta vie et celle de tes compagnons?

— Je le sais, mon colonel, mais je n'ai pas peur de la mort : c'est pour la France!

A ces mots, le colonel, ému, embrasse Philip qui, très ferme, recrute vingt-cinq volontaires aussi bien trempés que lui. La petite troupe part. Les autres coloniaux la suivent des yeux; puis, la nuit s'épaississant, elle disparaît dans l'ombre. Arrivé près de la crête, Philip aperçoit des soldats du génie allemand creusant une tranchée, pendant qu'une sentinelle fait les cent pas et monte la garde près d'eux. Philip fait dissimuler ses hommes dans un petit bois, avec défense de bouger et de crier, quoi qu'ils entendent. Il emmène avec lui un camarade et lui dit :

— Quand nous serons près de la sentinelle allemande, et que celle-ci criera : « Wer da? » (Qui va là?), tu te tiendras à l'écart de moi, sur la gauche, et tu feras du bruit avec ta baïonnette, de façon à faire retourner la sentinelle vers toi. Quoi que fasse le Boche, quoi que je fasse, ne dis rien, couche-toi sur le sol et attends mes ordres.

Les deux hommes avancent sans bruit ; ils ne sont qu'à deux pas de la sentinelle allemande qui se promène en fredonnant un air du pays. Philip prend à droite, et, en marchant, fait un petit bruit.

— Wer da? crie le Boche.

A ce moment, l'autre colonial, exécutant la consigne, remue la baïonnette dans le fourreau. La sentinelle se retourna vers la gauche. C'est ce qu'attendait Philip qui, posté à droite, bondit sur l'Allemand, lui plante par deux fois sa baïonnette dans la poitrine et saisit son fusil. La sentinelle s'écroule sans pousser un cri. Prestement, Philip, sans être vu des soldats qui travaillaient à 20 mètres plus loin à faire la tranchée, prend le manteau, le casque et le fusil de la sentinelle et se met à monter la garde à sa place ; de temps à autre il fait rouler le cadavre du Boche pour le dissimuler le plus possible. Bientôt, la tranchée étant finie, les soldats allemands partent pour rejoindre le gros des troupes, non sans adresser un salut amical à la sentinelle qui, à leur grand étonnement, continue sa promenade sans leur répondre. Quand ils ont disparu, Philip jette son casque et son manteau allemand, court dans le bois chercher ses camarades, et les vingt-six coloniaux s'installent dans la tranchée allemande. Au petit jour, une compagnie bavaroise arrive pour prendre possession de la tranchée préparée par le génie. Elle avance sans méfiance, les soldats devisant et plaisantant entre eux. Quand ils ne sont plus qu'à quelques pas, Philip et ses vingt-cinq camarades tirent sur eux sans répit. Un grand nombre d'Allemands tombent; les autres veulent prendre la tranchée d'assaut ; un feu meurtrier décime les téméraires et met les autres en fuite, sauf dix-huit qui lèvent les bras et se rendent. Pendant ce temps, le 24e colonial, entendant la fusillade, s'avance au pas de charge, le colonel en tête. Philip court vers lui et lui dit :

— Mon colonel, j'ai le plaisir de vous offrir cette tranchée ; elle est sur la crête ; vous pourrez vous rendre compte d'ici, mieux que moi, de la position des forces allemandes.

Le colonel, les larmes aux yeux, félicite Philip que le régiment tout entier acclame avec frénésie. Devant toutes les troupes, la médaille militaire est remise au caporal Philip sur le théâtre de ses exploits.

Quelques jours après, il est touché au bras droit et à l'épaule droite. Malgré sa double blessure, il refuse d'aller à l'ambulance. Il continue à combattre et descend un officier allemand ; Philip, voyant l'officier blessé, se porte vers lui pour le faire prisonnier et lui porter secours. Mais, au même moment, l'officier allemand braque son revolver sur le vaillant caporal et lui fracasse l'épaule d'une balle. Malgré la douleur, Philip a encore la force de prendre son fusil et de broyer le crâne de l'officier allemand à coups de crosse. Le caporal Philip, épuisé par sa triple blessure, est emporté à l'ambulance et, de là, évacué sur l'hôpital de Mâcon, puis sur l'hôpital militaire de Perpignan.

Emprunté à *la Liberté* :

Planons sur le champ de bataille où la France fait une si belle moisson de dévouement et d'héroïsme.

Devant Ypres. Le capitaine Casimir Déperriers, du ...ᵉ d'infanterie territoriale, apprend que l'on vient de confier à un de ses camarades une mission particulièrement dangereuse. Il va trouver le colonel et l'informe que l'officier désigné pour aller à la mort est père de plusieurs enfants.

— Moi, mon colonel, je suis célibataire, et je vous demande l'honneur de cette mission.

— Allez, brave cœur, répond le colonel très ému.

Quelques heures plus tard, Casimir Déperriers était rapporté, mourant, le corps labouré par un obus. Il expira trois jours après à l'hôpital de Malo-les-Bains.

Nos soldats donnent tous ces temps-ci de si beaux exemples que je suis bien heureuse de conserver des souvenirs de la guerre. Je dis de tout mon cœur : *Je suis fière d'être Française !*

www.ingramcontent.com/pod-product-compliance
Lightning Source LLC
LaVergne TN
LVHW050636090426
835512LV00007B/887